Check out the Run Toward Goliath animated series on the Run Toward Goliath Youtube channel!
All images, logos, slogans, characters, likeness and packaging appearance are the property of Latasha McAlpine
©™Latasha McAlpine 2022
www.valeriamcalpine.com
www.runtowardgoliath.com

COME JOIN DAVID AND HIS FRIENDS DURING A FUN SUMMER AT RTG BAND CAMP!

RTG Band Camp

David Levy

Harp

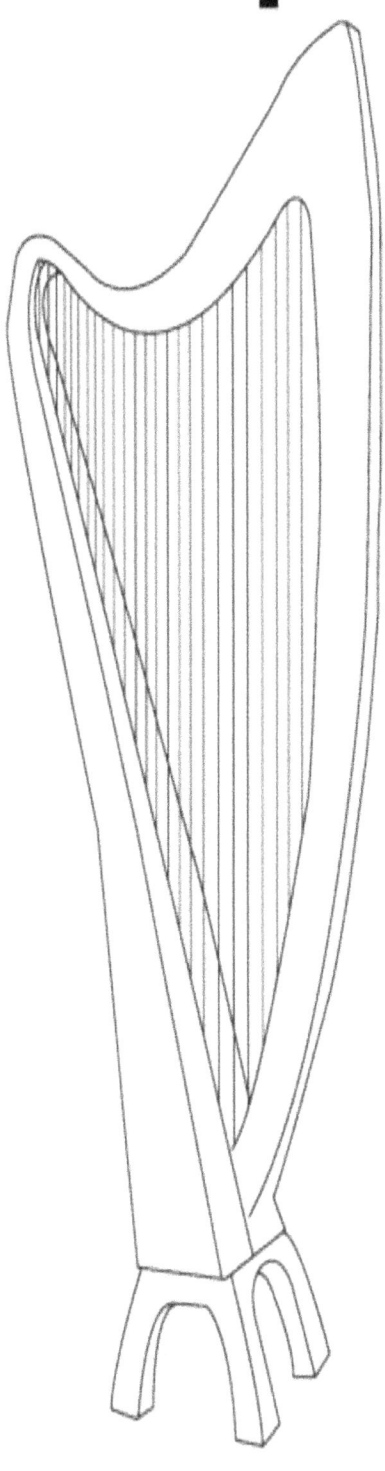

Micah Tran   Kimaya Smith

Kim Min-Ho

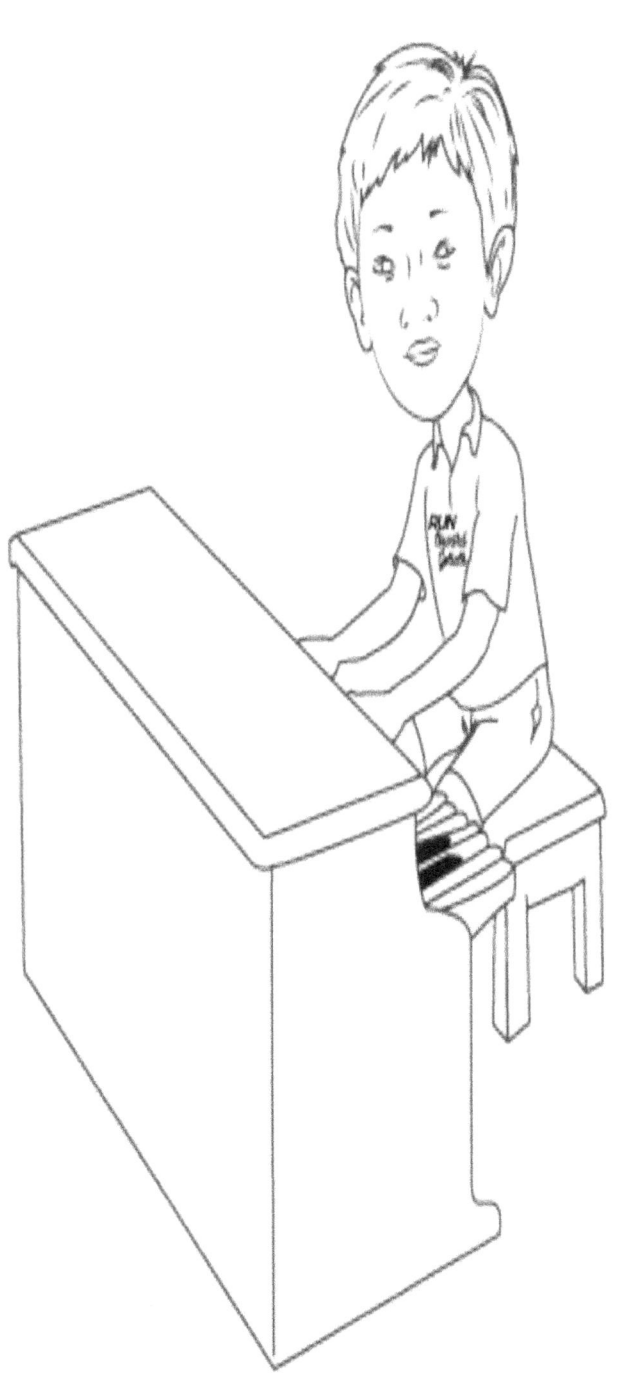

Sienna Likely   Andrew Reyes

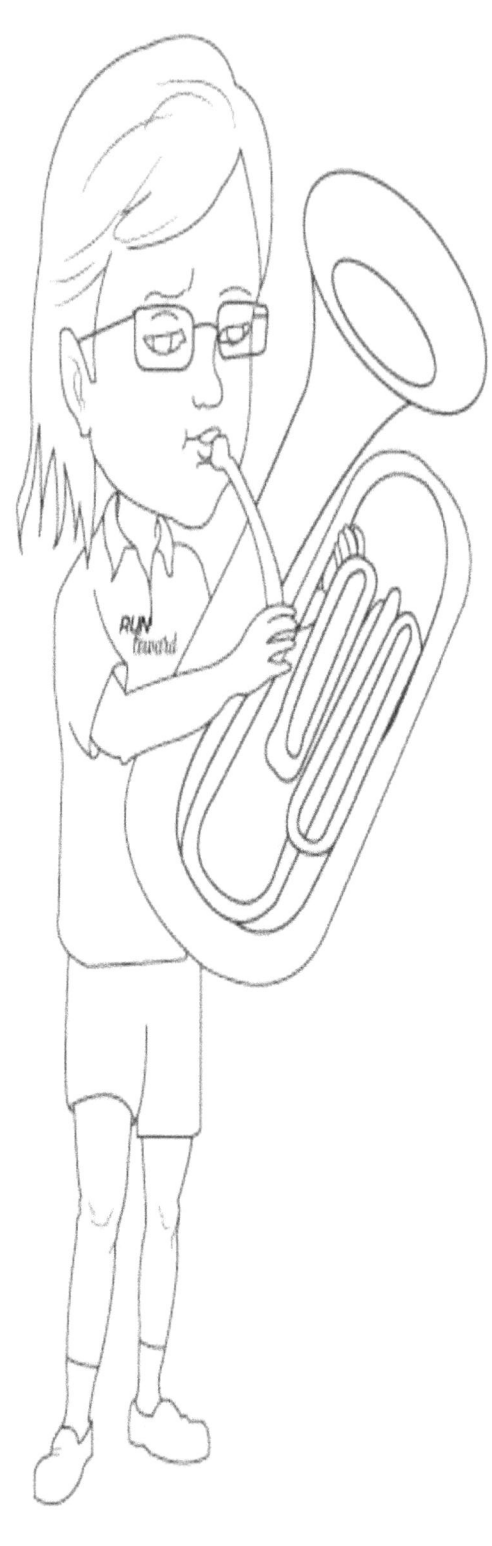

Guess How Many?

How many pictures do you see?
Count them and write the correct number in the box.

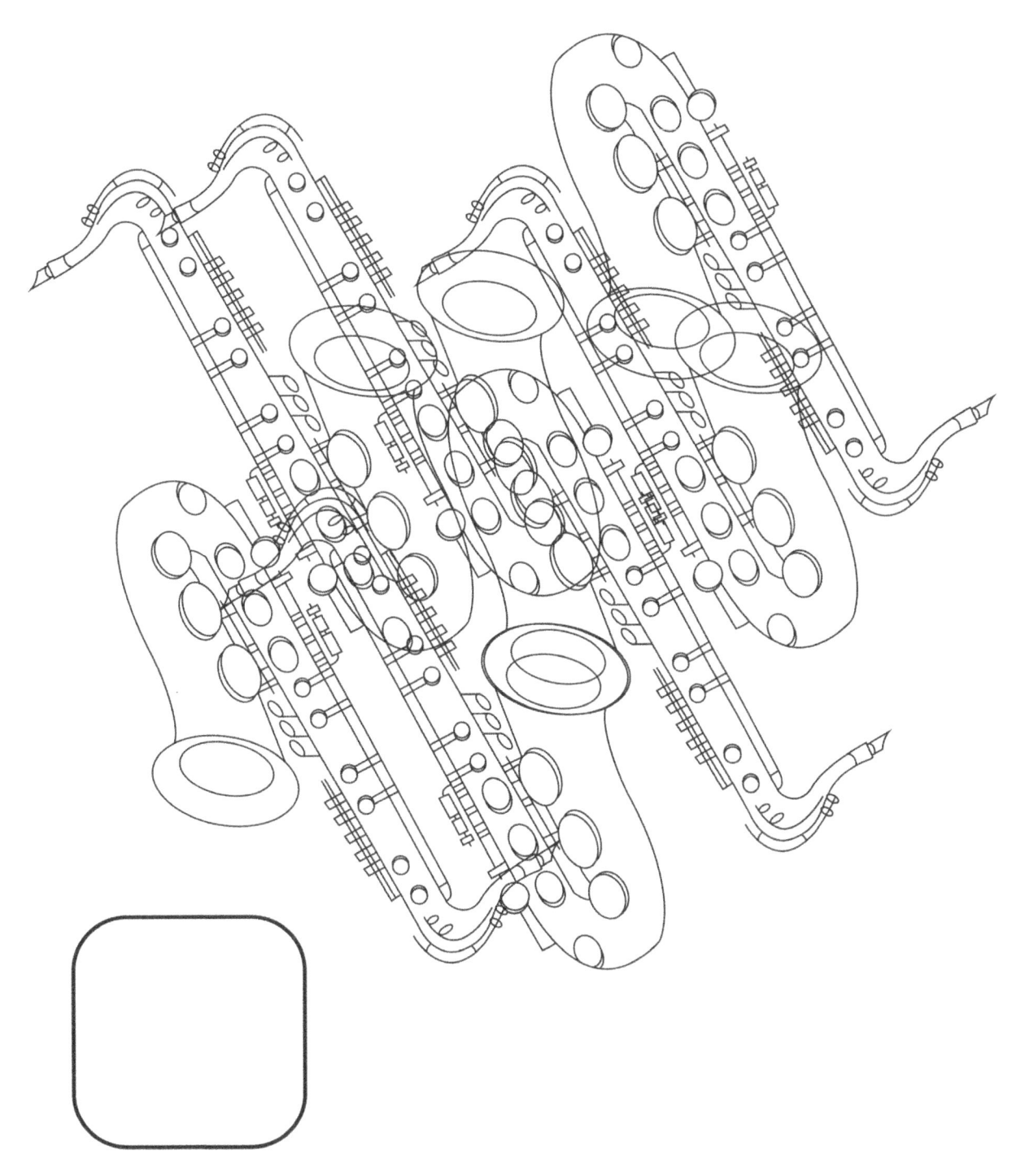

RTG

Drum Set

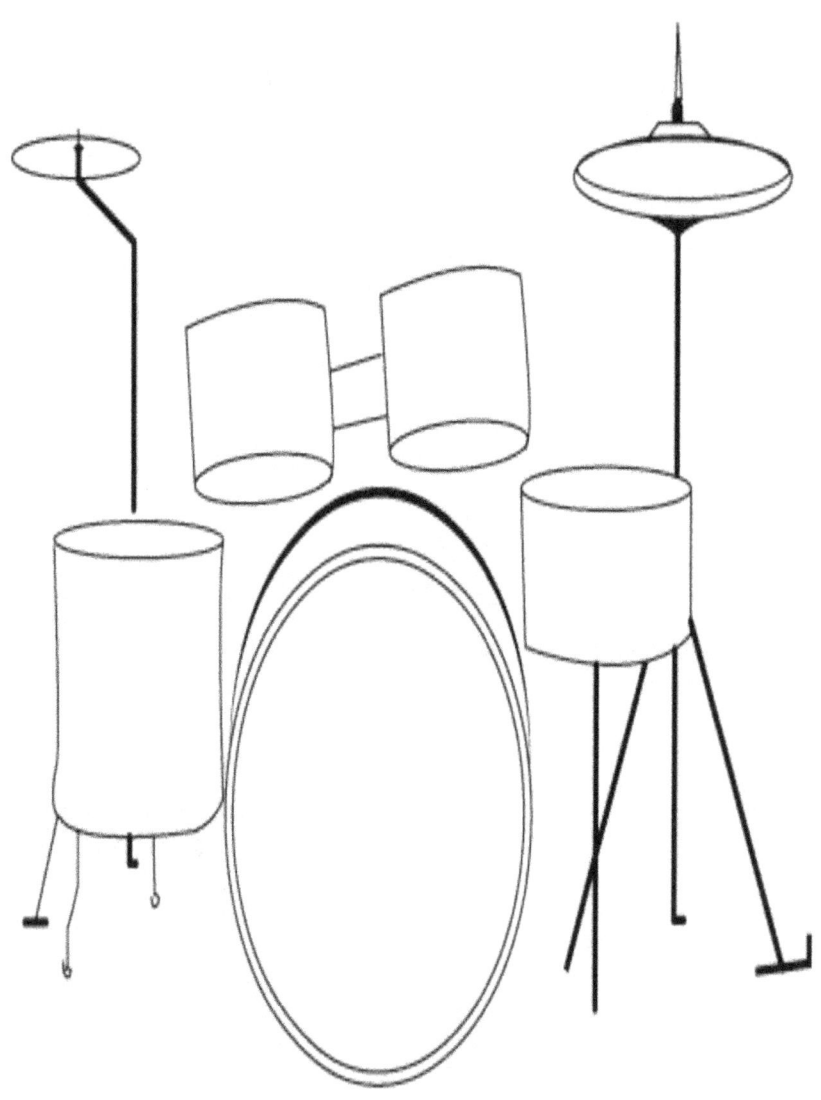

Flute & Tuba

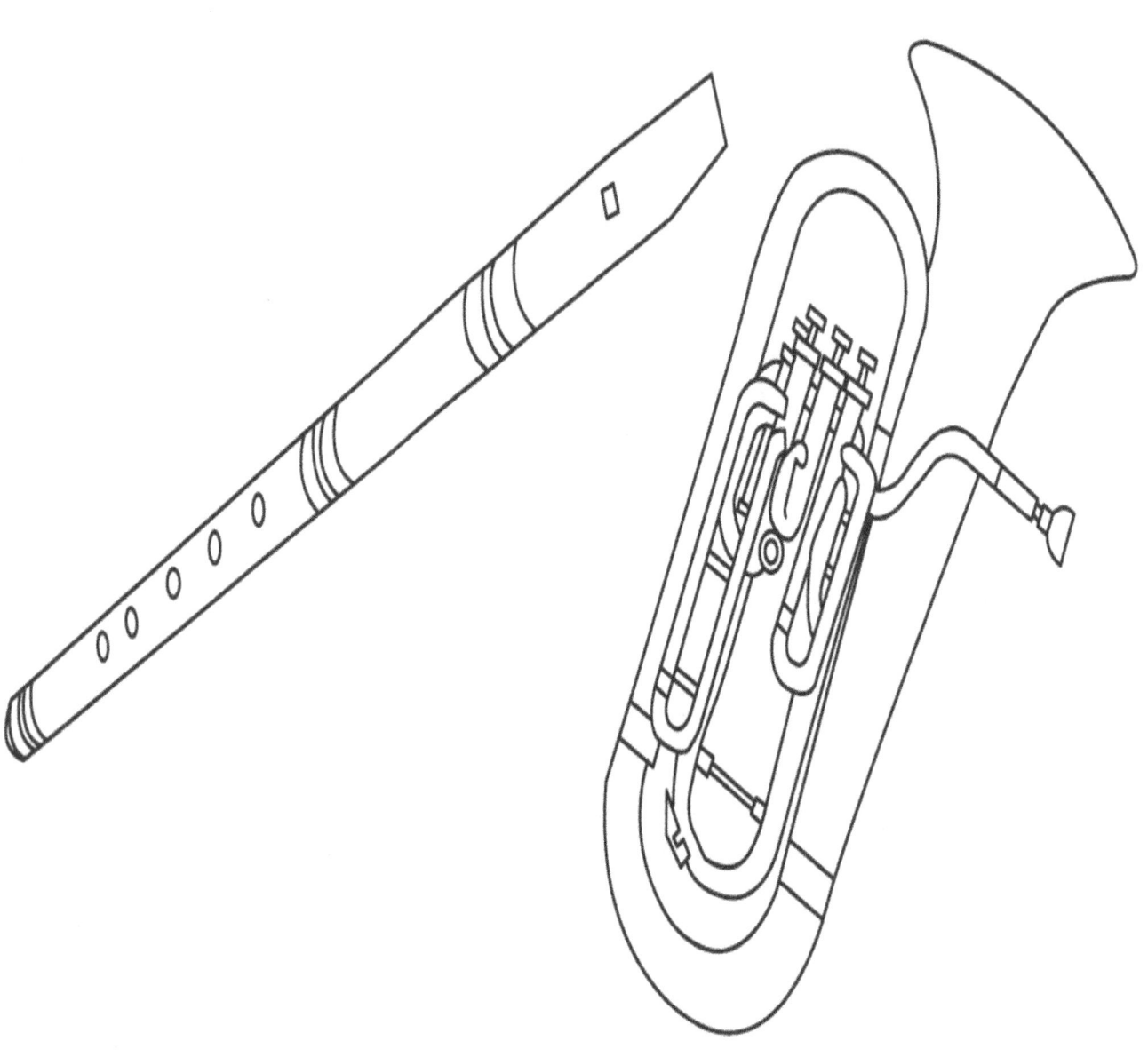

Harp Maze

Find a way through the harp maze.

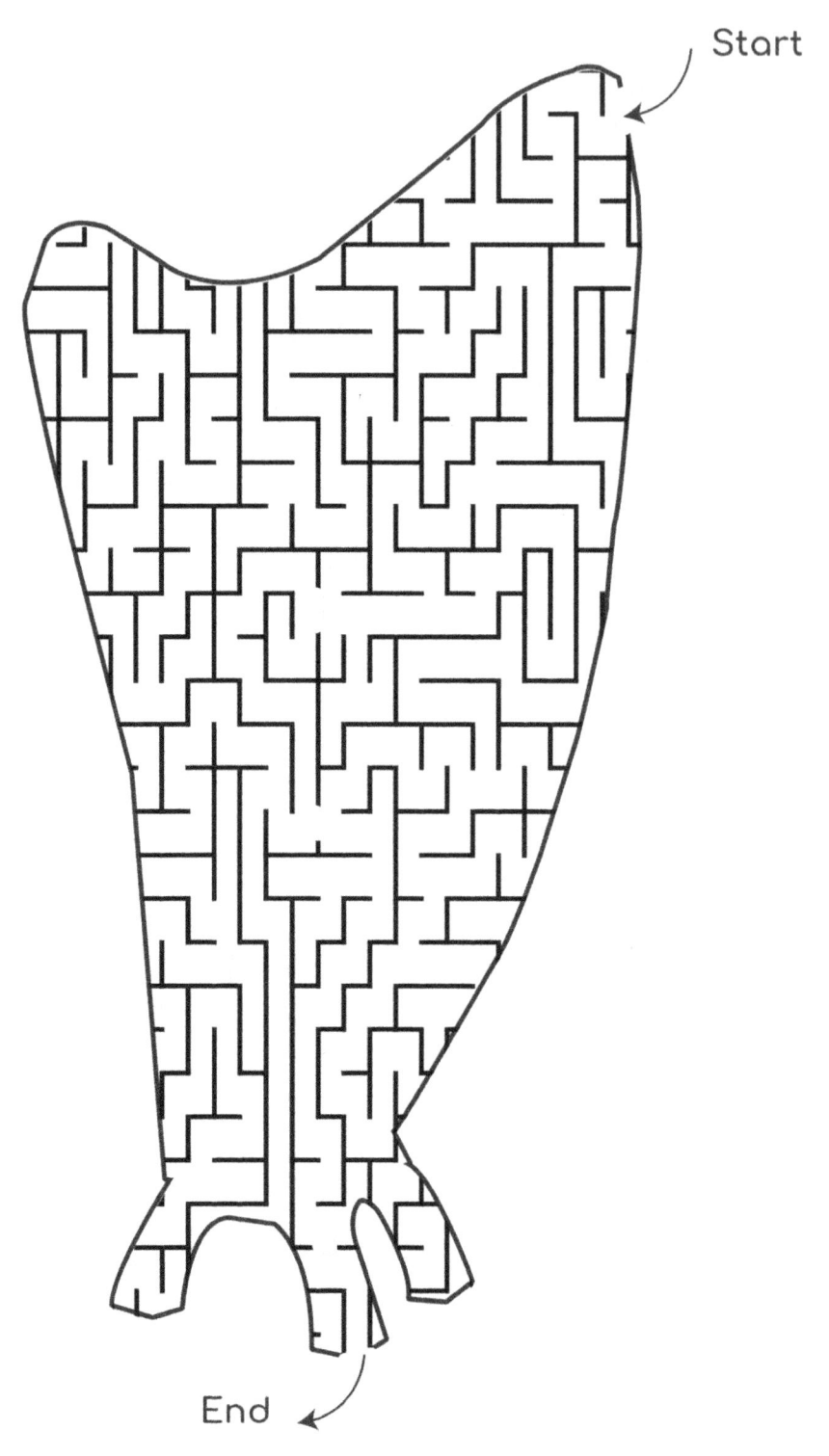

Guess How Many?

How many pictures do you see?
Count them and write the correct number in the box.

Trombone

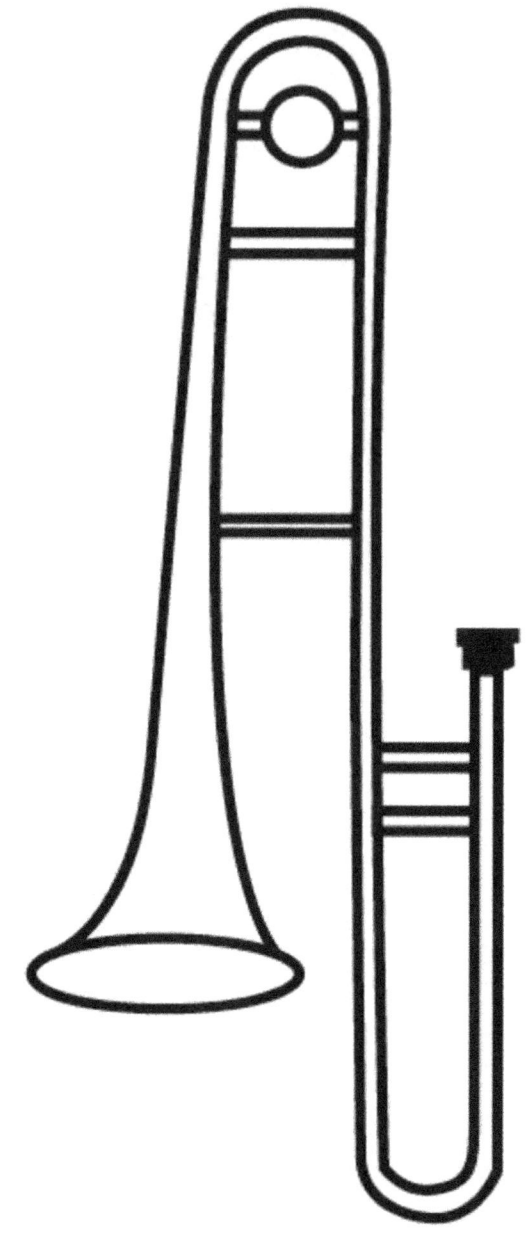

Hidden Message

Use the key below to reveal the hidden message.

__
9

__ __
1 13

__ __ __ __ __ __ __ __
20 1 12 5 14 20 5 4

A	B	C	D	E	F	G	H	I	J
1	2	3	4	5	6	7	8	9	10
K	L	M	N	O	P	Q	R	S	T
11	12	13	14	15	16	17	18	19	20

U	V	W	X	Y	Z
21	22	23	24	25	26

Which One is Different?

Circle the picture that is different

Complete the Picture

Complete the picture by using the model next to it.

Guitar

Complete the Picture

Complete the picture by using the model next to it.

Which One is Different?

Circle the picture that is different

Hidden Message

Use the key below to reveal the hidden message.

___ ___ ___ ___
 2   1   14   4

___ ___ ___ ___
 3   1   13   16

A	B	C	D	E	F	G	H	I	J
1	2	3	4	5	6	7	8	9	10
K	L	M	N	O	P	Q	R	S	T
11	12	13	14	15	16	17	18	19	20

U	V	W	X	Y	Z
21	22	23	24	25	26

Which One is Different?

Circle the picture that is different

Connect the Dots

Connect the dots to complete the picture.

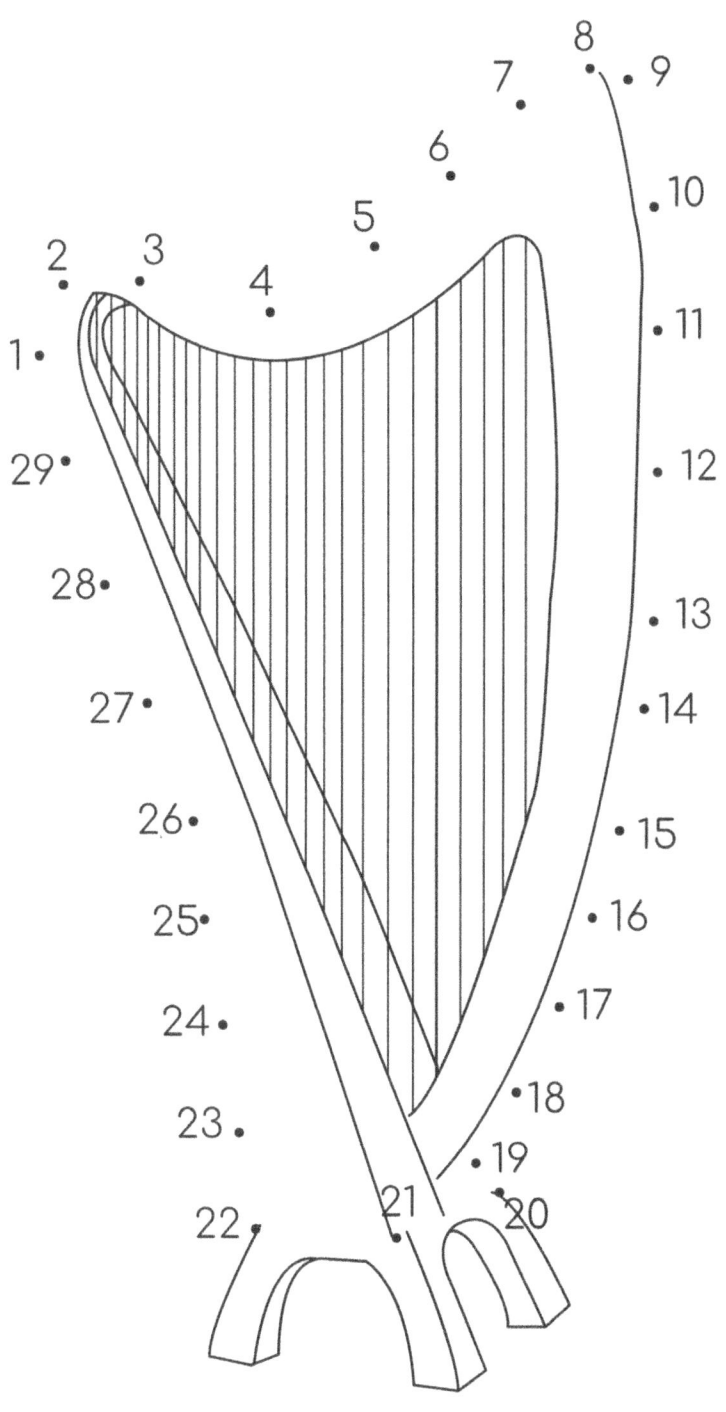

Cello Violin

Complete the Picture

Complete the picture by using the model next to it.

Complete the Picture

Complete the picture by using the model next to it.

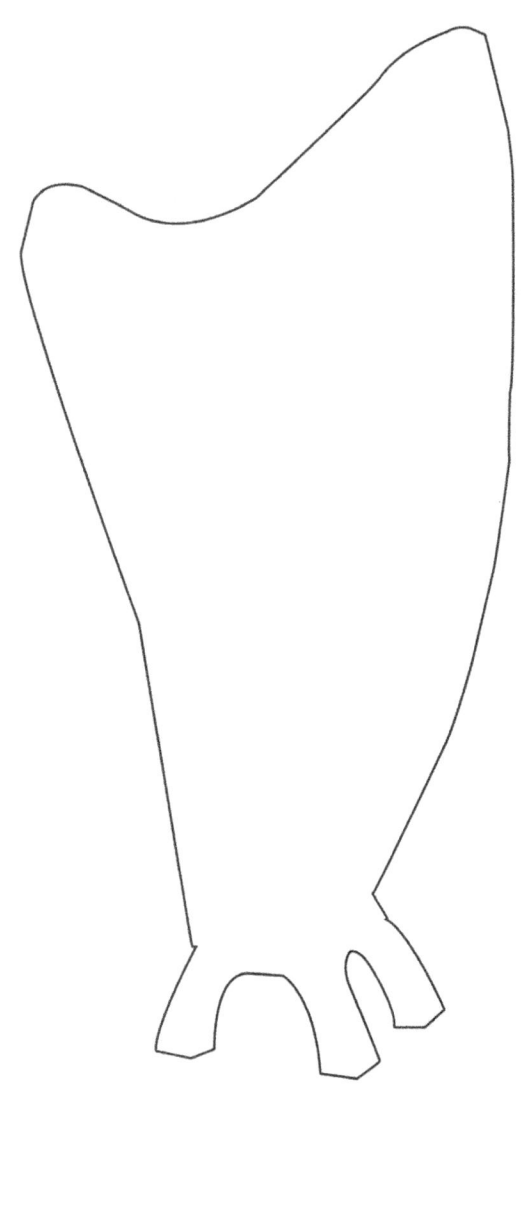
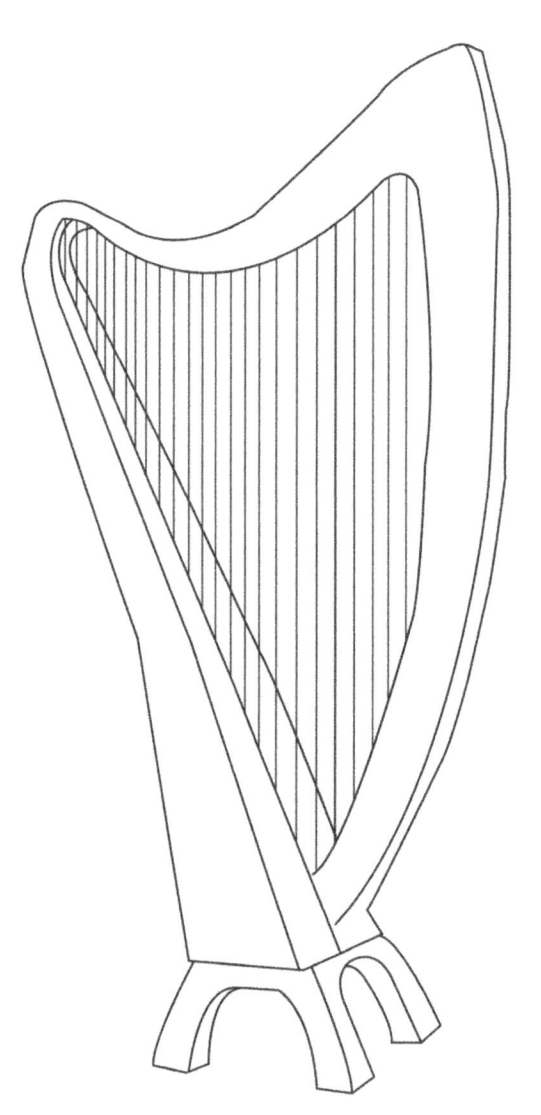

Triangle

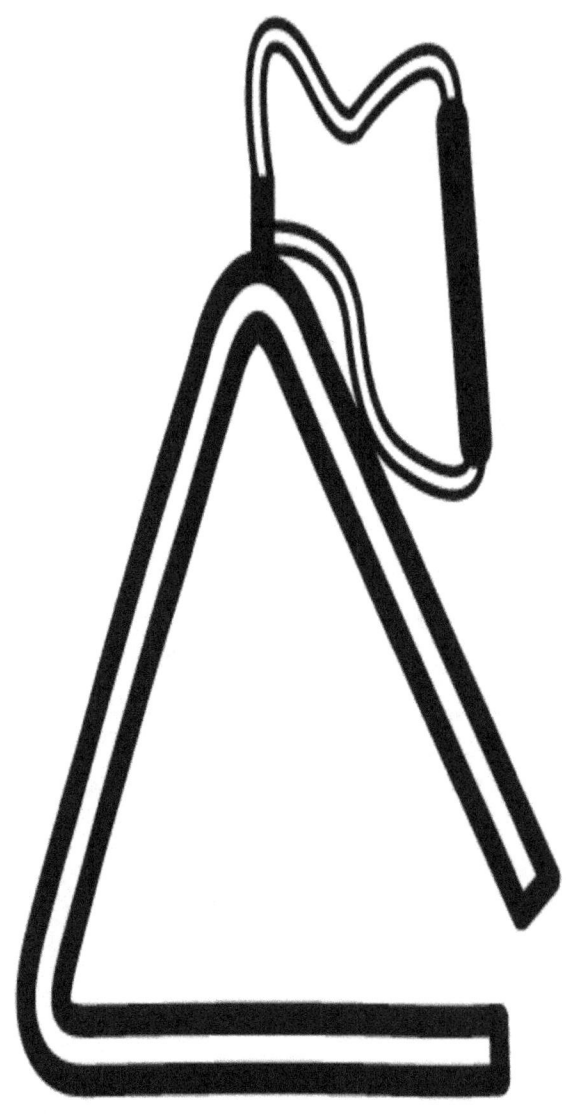

Connect the Dots

Connect the dots to complete the picture.

Complete the Picture

Complete the picture by using the model next to it.

Tic Tac Toe

Piano

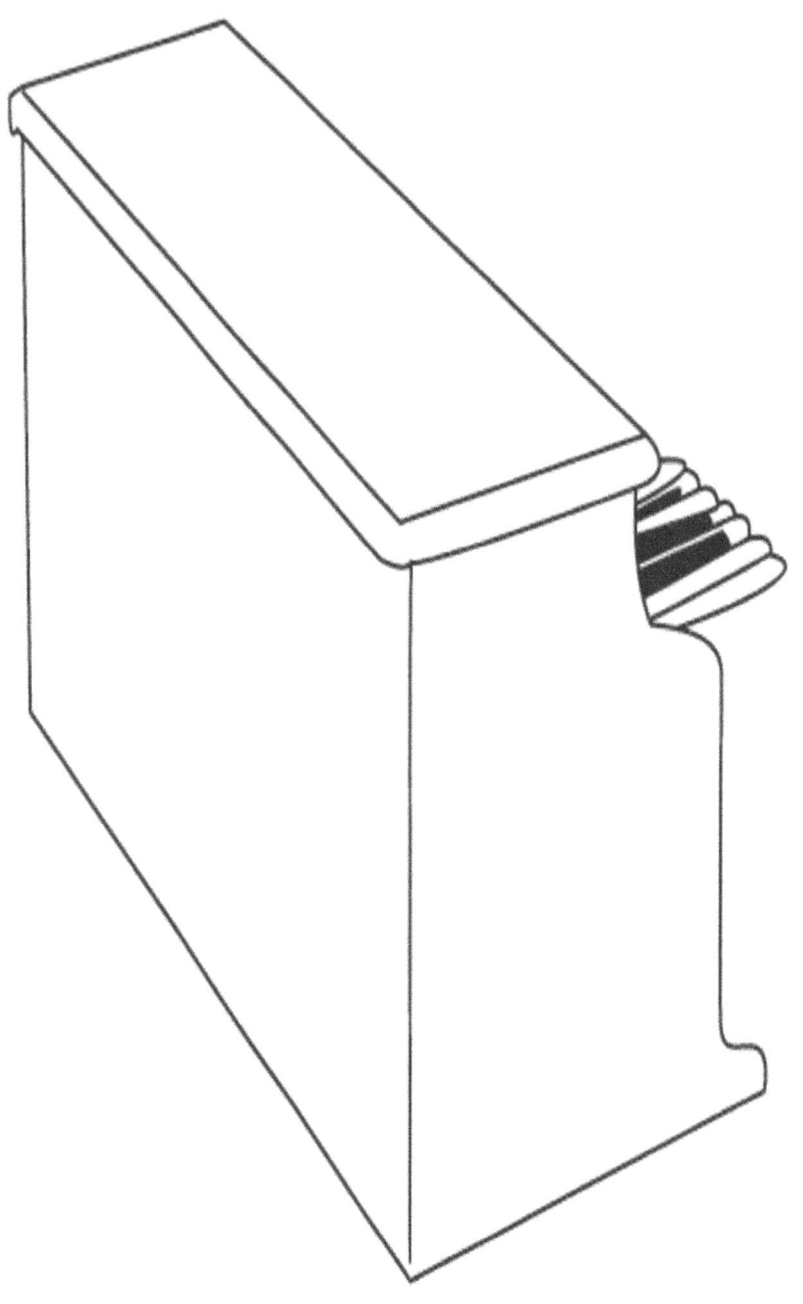

Tuba Maze

Find a way through the tuba maze.

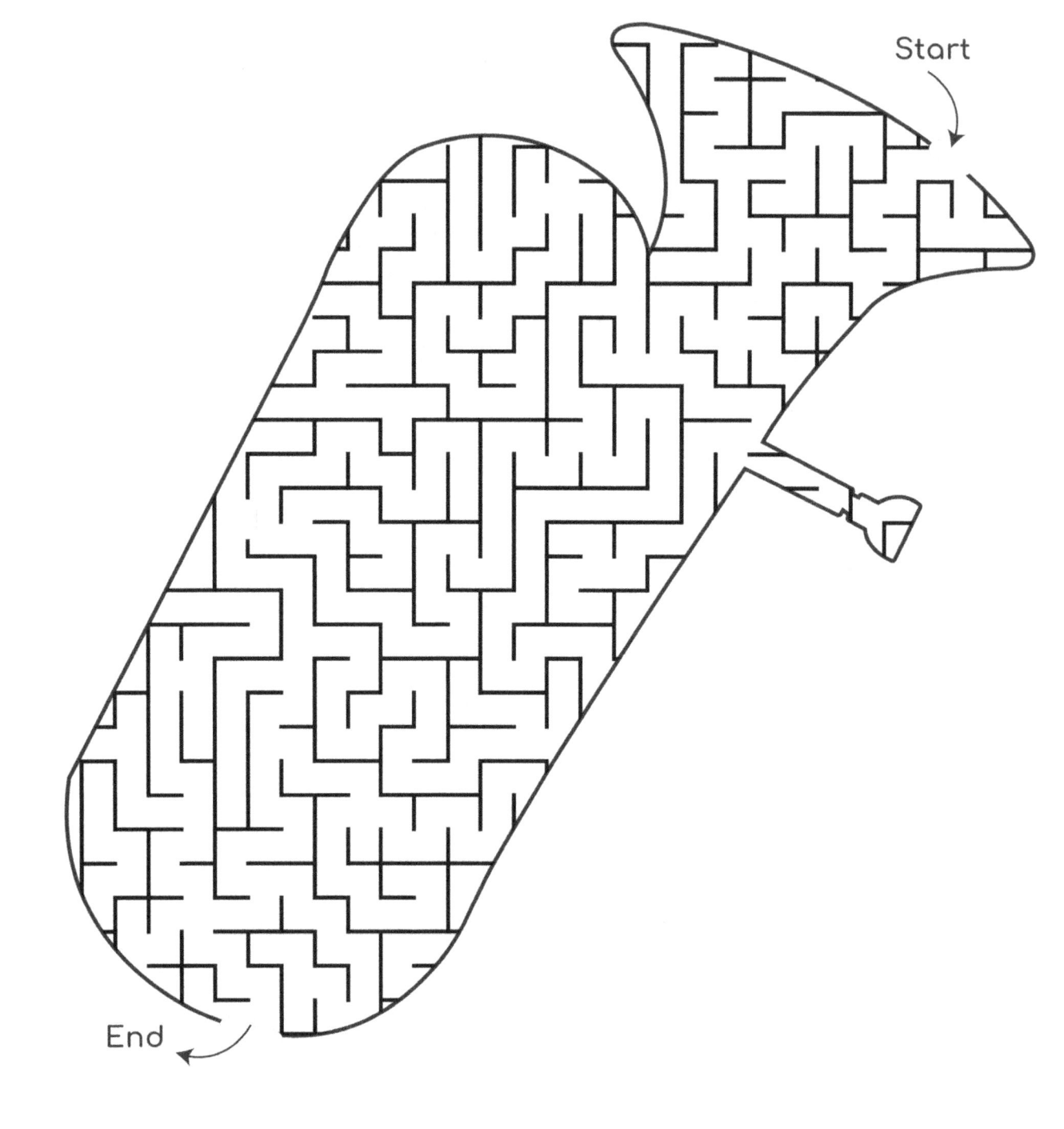

Instruments Word Search

Find all the hidden words that are listed below. Words can be up, down, diagonal, or forward.

```
T  A  M  B  O  U  R  I  N  E  L  G
R  H  A  R  P  P  A  D  R  U  M  S
O  E  J  C  Y  M  B  A  L  W  R  F
M  J  K  T  R  I  A  N  G  L  E  L
B  C  E  L  L  O  M  V  R  U  D  U
O  Z  T  R  U  M  P  E  T  Z  S  T
N  V  P  I  A  N  O  V  J  J  Q  E
E  U  I  R  C  L  A  R  I  N  E  T
S  A  X  O  P  H  O  N  E  M  R  H
N  D  O  U  L  Y  U  C  J  K  Y  A
V  T  U  B  A  I  G  U  I  T  A  R
K  Z  A  I  L  Z  N  N  Y  X  Z  W
```

CELLO
DRUMS
TRIANGLE
FLUTE
TUBA

TROMBONE
SAXOPHONE
VIOLIN
PIANO
CLARINET

TRUMPET
HARP
CYMBAL
TAMBOURINE
GUITAR

Guitar Maze

Find a way through the guitar maze.

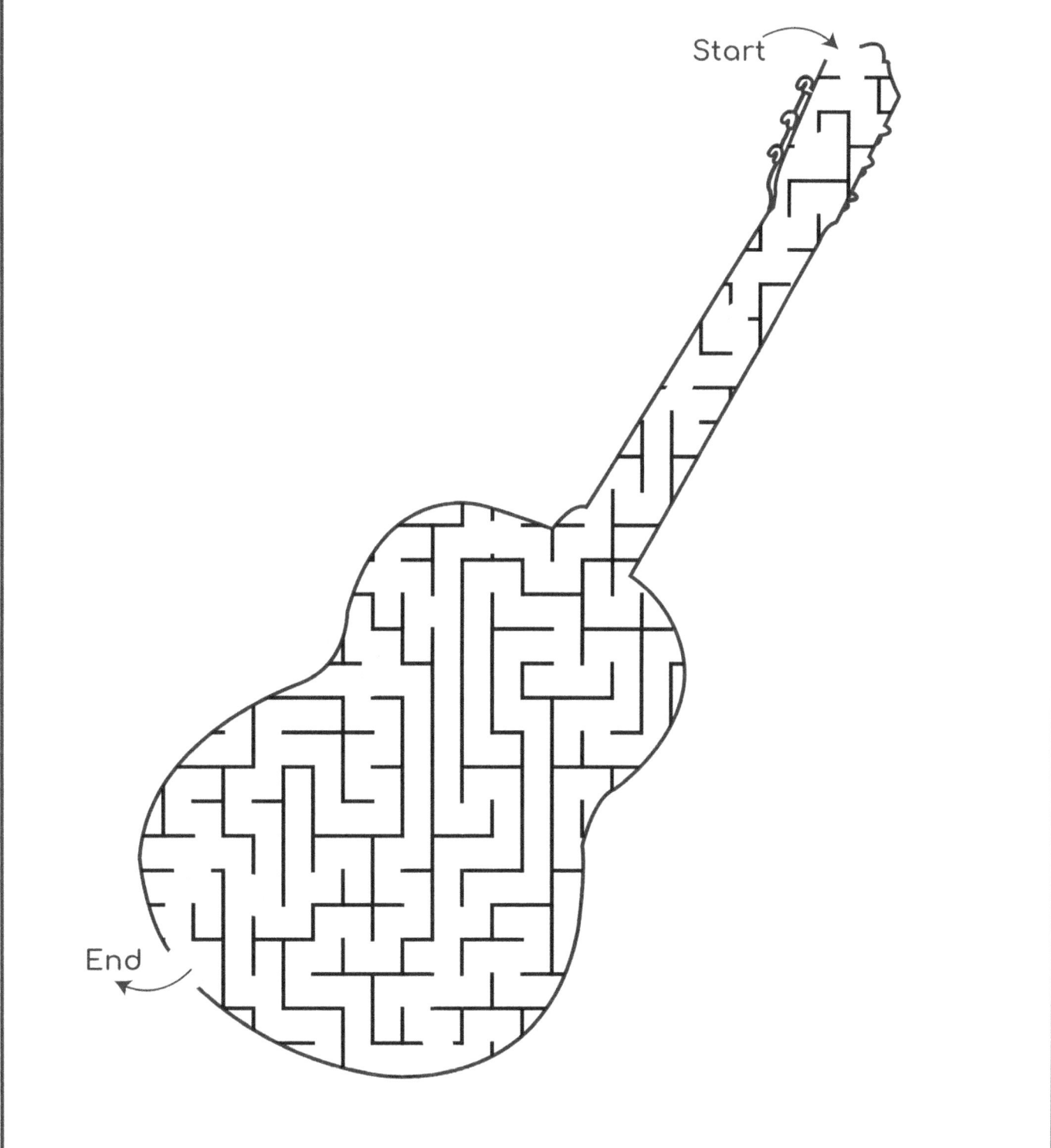

SCAN FOR FUN ANIMATION!

Band Camp Word Search

Find all the hidden words that are listed below. Words can be up, down, diagonal, or forward.

```
M  S  S  F  Y  K  A  Y  A  K  Z  T
H  A  W  M  I  T  T  W  D  D  I  I
I  P  R  I  C  S  J  L  M  O  P  D
K  O  B  S  M  A  H  T  L  R  L  L
I  B  W  A  H  M  M  I  H  M  I  M
N  Y  V  R  L  M  I  P  N  T  N  U
G  N  B  C  U  D  A  N  F  G  E  S
V  W  K  H  M  S  W  L  G  I  E  I
Z  R  E  E  T  E  N  T  L  N  R  C
S  H  O  R  S  E  S  X  M  O  L  E
M  L  F  Y  N  W  O  O  D  S  W  Q
P  A  D  D  L  E  B  O  A  R  D  S
```

CAMPFIRE   ZIPLINE   MUSIC
DORM   KAYAK   HIKING
WOODS   HORSES   FISHING
SWIMMING   MARSHMALLOWS   PADDLEBOARD
ARCHERY   TENT

www.ingramcontent.com/pod-product-compliance
Lightning Source LLC
Chambersburg PA
CBHW081627100526
44590CB00021B/3637